Auf dem Wasser gehn

Ausgewählte Gedichte

Hydra Sprache

Hydra Sprache
für jedes abge-
schlagene Wort
wachsen zehn
andere nach

Behauptung

Das muß gewesen sein
als niemand mehr
unsern Standort
nach nautischen Meilen
zu ermessen vermochte

als selbst Radaraugen
nur Horizonte erspähten
und unser Durst
angesichts des Meeres
uns vorgaukelte
wir seien schon nah

am Ziel da muß ich
auf die Reling
geklettert sein
Um Gottes willen
hat der Kapitän noch
geschrien aber ich
schon im Sprung
konnte nicht mehr
zurückschreien:

entweder ich kann jetzt
über das Wasser gehn
oder den Abgrund ermessen
in welchem wir untergehen

Dieser Band enthält neben neuen Gedichten
eine Auswahl aus den vergriffenen Büchern
SAGE UND SCHREIBE und FLIEHKRAFT

CIP-Kurztitelaufnahme der Deutschen Bibliothek

Zeller, Eva:
Auf dem Wasser gehn: ausgew. Gedichte / Eva Zeller. Stuttgart:
Deutsche Verlags-Anstalt, 1979.
ISBN 3-421-01920-7

2. Auflage 1980

Typographische Gestaltung: Ulrike Dreher
Einbandgestaltung: Jürgen Reichert, Stuttgart, unter
Verwendung einer Graphik von Herbert Joos, Stuttgart
Gesamtherstellung: Fränkische Gesellschaftsdruckerei Würzburg
Printed in Germany

Eva Zeller

Auf dem Wasser gehn

Ausgewählte Gedichte

Deutsche Verlags-Anstalt

Therapie

Diese Heilungsversuche
durch Schreiben
Ich beschieße
die kranken Stellen
mit Kobaltworten
strahlenkräftigen
an die ich glaube

ungeachtet meines
federführenden Zweifels
helfen sie mir

Schreibend

kleinlaut
mit feuchten Händen
und heiserer Stimme
als sei jedes Wort
ein Geständnis
und der mirs erpreßt
ließe sich nicht
übertölpeln
nicht durch Verschweigen
und nicht durch
pfingstliches Stammeln
als sei dieser Stift
meinem schwankenden
Puls angeschlossen
jede falsche Antwort
am steigenden
Blutdruck zu messen
abzulesen
der graphischen Kurve
meines Gedichts

Für Ludwig Wittgenstein

Wort
Trabant des Gedankens
Gedankenmond

Seine Oberfläche
bekannter als sein
schwankender Abstand von uns

Auch wenn Traumtänzer
Staub Fluß und Meer sagen
es bleibt reine Beschreibung

Staub Fluß und Meer
entsprechen nicht den Bildern
die wir meinen

(am wenigsten der
unbewegte Abgrund der
im Trockenen ertrinkt)

Nur der Leutseligkeit der Sprache
ist es zuzuschreiben
daß wir nicht verstummen

Ende der Artistik

Alles spricht dafür
daß er die Tricks
hinter sich hat

das Feuerschlucken
Messerwerfen
Bauchreden
und das Jonglieren
mit sieben Bällen

vor sich
das Auffangen
der Erde
mit dem Nacken

Der Dichter

Sein Erbteil
ist durch Inflation entwertet
Sang- und klanglos
lernt er
jedes Wort im Munde
umzudrehn

Sprache
leistet den Offenbarungseid
und gibt nach bestem Wissen
und Gewissen preis
was alles ihr
nach dem Bankrott
noch zur Verfügung steht

Vor meiner Schreibmaschine

Aber der Buchstabe tötet
seine Schlagfertigkeit
das Tüpfelchen auf dem i
das immer recht haben will

Auf dem genormten Tastenfeld
haben die Typen sanfte Mulden
für meine Fingerkuppen

Ich schlage ein A oder O an
aber die Welt rückt
um keine Buchstabenbreite weiter

Wenn die langstieligen Knöpfe
sich vor meinen Augen zusammenschieben
wie Türme auf einem Stahlstich

leuchtet am blanken Horizont
meiner Schreibmaschine
hämisch das Wort TRIUMPH auf

Was Gedichte sind

Von der Hoffnung
hereingelegte Worte

Veröffentlichte
Ängste. Aller-

närrischste Unter-
schriftensammlung

gegen den Tod

Gedichteschreiben

Nie hab ich
soviel Angst
wie beim Ge-
dichteschreiben
Die Worte
die mir kommen
kennen kein
Pardon, Worte
in Strumpfmasken
mitleidlos
fordern sie von mir
alles was ich habe
sonst
drohn sie
bringen sie
mich um

Wenn wir

Diese
unsere Nummer
am Trapez

Wenn wir
die Kuppel
durchmessen haben

das Schweigen
die Angst
und deine Hände

meine Fesseln
umklammern
wird ein Tusch geblasen

Die Liebenden

Ihre Haut ist
ein enges Trikot
sie sind beide
beherzt dennoch
arbeiten sie mit Netz
zwar schwereloser als
alle Liebenden vor ihnen
als hätten sie Flügel
als sei das Wieder-
erfassen ihrer Hände
zwischen Trapez und
Trapez sicherer
als der Tod

ach ihre Gewißheit
sich im Schwung zu
erreichen ihr Geworfen-
sein ins Vertraun
und dann ihr Fallen

in Schlaf
wobei sich
nun jeder
um die
durch seinen
Schwerpunkt
gehende
Achse
dreht

Der Kuß

Meine Lippen
stumme Zuhälter
erkundigen sich
unter vier Augen
nach deinen

ob ihnen
das besagte Wort
käuflich ist

oder
ob sie es sich
etwas kosten lassen

Rede dem Wort das Wort

Diese von der
perforierten Zeit
gerissene Stunde

Übernächtig
von Leben
kann uns der Tod
nichts anhaben
Wir liegen stiller

Sag meinet-
wegen Liebe
meiner Liebe
wegen rede
dem Wort
das Wort

Die Glücklichen

Liebende verständigen sich
untereinander pfingstlich
oder in der Fingersprache
tasten taubblind
ich liebe dich
auf des anderen Rücken und Bauch

Mit einer in Tinte
getauchten Feder
teilen sie täglich sich mit
sie seien die Insassen
eines glücklichen Lebens

Liebe soll sie
wie der Tod
selig machen
das ist noch
der bescheidendste
ihrer Wünsche

Es sitzen immer die
Glücklichen sehr erhaben
im Buddhasitz golden
und schrecklich
über den Einsamen

Kürettage

etwas
Ungelegenes liegt
zwischen zwei Schenkeln

etwas
Geplantes
Nabelschnur
schon gedreht
Augenanlage
Entwurf

etwas
Verkörpertes
Anspielung auf
einen Arm
Handknospe
unterentwickelte Faust
Fingerzeig
Wink

etwas
Ausgekratztes
gelocht
entwertet
nicht wieder
zusammen-
zusetzen
zum Puzzle-
spiel Mensch

Geburt

Mit genauer Not
herausgetrieben

Mit dem ersten
noch oft zu übenden Schrei
mit dem schwachen Versuch
zum Protest
über die Hürde Luft
Jeder atmet
für sich

Zu widerrufen
ist keiner
keiner
zurückzuknöpfeln
in den aufwendigen Schoß

Liegt
noch nie dagewesen
schwerköpfig
und mit großem Geschlecht

Wir müssen
das Kind
beim Namen nennen
seinen Nabel versehn
die unvermeidliche Wunde
seine Augen
mit zwei Tropfen Silbernitrat
das der Erblindung
seine Stirn
mit drei Handvoll Wasser
das der Verkümmerung
vorbeugt

»Wie schnell
könnte ich fliegen,
wenn es den Luft-
widerstand nicht gäbe.«

Wie leicht
könnte ich lieben,
wenn es den Gegen-
sinn des Geliebten
nicht gäbe.

Wohin schössen wir
überließen wir uns nicht
dem andrängenden
ganz andern Element,
es setzt sich uns
unter die Flügel.

Komm auf dem Widerstand,
komm auf dem Gegensinn,
auf der nie ab-
reißenden Strömung.
Im verläßlichen Kräftefeld
wendet sich unser Geschick.

Wenn

Wenn
meine Seele
von meinem Geist
Besitz ergreifen könnte
gingen Kraftströme
von mir aus
wie im Magnetfeld

einer stromumflossenen Spule
die noch in den Wirbeln
ausgerichtet und klar sind

Wenn
meine Seele
von meinem Leib
Besitz ergreifen könnte
hätte die Liebe
diese ausbeuterische Art
einander zu begegnen
wieder ihren Namen verdient
und ihr Erkennen
in deinen und meinen Augen
würde uns nicht mehr
erschrecken

Vogelfrei

Meine Liebe ist
vogelfrei
Jeden Tag
könnte der Tod
sie ereilen

Leichtgläubig
lebt sie und
anstandslos
von jedem Bissen
jedem Wort

von jeder Nacht
in der du ihr
ein Lager breitest

Niobe

Wer
außer den Königinnen von Theben
kann sich das leisten:
Wandlung bis ins
Nonplusultra des Steins
und überdies
das Air der Tränen

Wer
versteinert denn mich?
Wenn ich Leto nicht opfere
bittesehr
unsereins muß weiter
widrigenfalls
mit durchschnittenen Pulsen

Scheitern

Unser Holzschiff nähert
sich einem Magnetberg
gleich werden alle Nägel
aus seinem Leib gezogen

Wer von uns beiden der
bessere Schwimmer ist
für den wird das Er-
trinken langsamer gehn

Scheidung

Schuldig bist du
(meine Unschuld
wie Untiefe
tiefer als Schuld
und alles ver-
schlingend)

Wir haben das Geld
den Hausrat die Kinder
redlich geteilt nur

daß jetzt deine
Tränen aus meinen
Augen fallen und
umgekehrt

Weil du innehieltest

Weil du innehieltest
weil du allerdings diesen einen
zärtlichen Augenblick

deinem Anspruch entsagtest
kniend am Kreidekreis
der das Geliebte umschließt

wird was du dir entreißen ließest
das wirkliche Deine
dir zurückgelegt in den Schoß

Luftspiegelung

Bei totaler
Brechung des Lichts
Unter sehr großem Einfallswinkel
Und nur an der Grenze
dichterer Luft

Weißt du noch
die Fata Morgana?

Ein zweites Mal
nähme sie diese
Gestalt nicht an

Auch fänden wir
die Stelle nicht wieder
die gleich darauf
leerer war als zuvor

Der Hund von Pompeji

Weil der Lavapfropfen der den
erkalteten Krater verschloß
aufging das Magma so hoch war
so glühend der Aschenregen

konnte man Gipsausgüsse halb-
aufgerichteter Körper gießen ja
eines auf der im Steigen er-
kalteten Asche hoch und höher ge-

klommenen Hundes
der Miene macht
sich zu retten

Beim Totlaufen eines angeschossenen Tieres

Wer findet zuerst
am Ende der Schweißspur
die Trittsiegel
nachdrücklicher mit der Zeit
und tiefer
die Abstände immer kürzer
immer stärker der Eindruck
wenn der Tod die Akzente setzt
gewinnt das Leben Profil

Aus den letzten Schalen
wo es in die Knie
gegangen sein mußte
konnte man trinken

Die Wüste

Sie pfeift
auf den Trost der Bäume
Dem
der doppelt elend ist
vermacht sie
testamentarisch
Luftschlösser

Manna
regnet's nicht
Wer behauptet
zwölf Körbe seien übrig
war woanders
Hier
darf geweint werden
Tropfen auf den
heißen Stein

Wenn es sie nicht gäbe
müßte ich sie erfinden
damit ich im Dursten
bewandert bleibe
und mein Löwenmut
schleichen lernt

Wüstenlandschaft

Morgen
ist hier wieder Meer

Die Klippen entlassen
die Fische
schuppenweise verglast
und steinerne Muschelernten

Auf der Sandbank
gestrandete Sterne
machen sich auf
Der Grundwasserspiegel
steigt

Lichtsegel
zwingen zur Umkehr
ohne Trophäen

Abdruck eines Vogels im Stein

Die Auflösungswut der Elemente
Die Verwerfungen der Schichten
Das Gewicht der Siebentonner
haben ihn nicht verunstalten können

Selbst der Bagger nimmt ihn
sachte zwischen die Zähne
und legt ihn mir mit einer
Demutsgebärde zu Füßen

An der Luft
die ihn einmal getragen hat
kann er nicht mehr zerfallen
Seine Krallen umklammern Erde
zu der er hätte werden sollen
Sein Schnabel verschleppt
ein Körnchen Hoffnung
das wieder zum Keimen
gebracht werden könnte.

Jetzt geben ihm zarte Spuren
von Wurzelwerk Auftrieb
Ungeachtet der gebrochenen Flügel
der zerschmetterten Kehle
des kopflosen Lieds
das Flugbild Leben bis zur
Vollkommenheit deformiert.

Kunstraub

An dem schlafenden
Wärter vorbei
an Lichtschranken
die meine Schritte
verraten könnten
Räume durchmessend
und Zeit

Aus Monets Seestücken
pflücke ich den Flugsand
der sich an stürmischen Tagen
wenn die Staffelei
an einen Felsen
gebunden werden mußte
in die Farben mischte

Was ich aber
im Original entwende
ist eine der
weichen Uhren Dalis
die nie schlagen

Und die Wiesen
bei Greifswald
die mit den Gänseherden
und den springenden Pferden

Den wölfischen Vordergrund
dieses Bildes
möchte ich hängen lassen
Ich werde ihn aber
nicht entbehren können
damit das Gold des Himmels
über Sankt Nicolai
sich noch goldener
davon abheben kann

Erfahrung

Schwimmen
lernte ich
als ich einmal
ins Wasser fiel

Seitdem
kann ich es
ich kann es
nie wieder lernen

Nie mehr
untergehn und
Auftrieb bekommen

Ich weiß Bescheid
wie ich mich
leicht machen muß
leichter
als meine Angst

Erwachsen

Aus dem Staunen heraus
kann ich mein Fersengeld
nicht mehr in
Sterntalern zahlen

Mich nicht zurückverkleiden
in Tüll und Schnallenschuhe
in um und um gewendete
feldgraue Mäntel

Kann nicht noch einmal
die aller-
dünnsten Stellen
des Eises betreten

Meine Beine zum
Fischschwanz falten
um dem Geliebten
entgegenzuschwimmen

Mich nie mehr
in die Standuhr verstecken
wenn die gepuderte Wolfstatze
zuschlagen will

oder mich arglos
an Spindeln stechen
und dann sehr jung nach hundert-
jährigem Schlaf erwachen

und keinen Bissen
des vergifteten Apfels essen
Meine Sargträger stolpern nicht
damit ich meinen Tod erbreche

Ende der Kindheit

Dann saß ich nicht mehr
mit baumelnden Beinen
auf meinem Stuhl
Ich hatte Boden
unter den Füßen und
den Rücken gestärkt
durch die Lehne

Ich wußte
daß Messer scharf sind
und hatte Erfahrung mit Gräten
habe auch Hasen essen
und auf Schrotkörner
beißen gelernt

Der gemaserte Küchentisch
von dem meine Mutter
die Fliegen mir scheuchte
sah aus zwei Astlöchern her
mit den Augen des Igels
der immer schon da ist
der besser weiß
wie es langgeht

Mit ihrem kürzeren Atem
überholte
die Wirklichkeit mich
sagte ätsch
ich werde dirs zeigen

Kindheit

Mit unausgeschriebener
Handschrift beschreibe ich
den immer wiederkehrenden Raster

Taste mit Fühlern
an deren Enden Augen sitzen
die gewölbte Helligkeit ab
streiche über weiches
nie gekrümmtes Haar

Kein Bild das nicht
gescheitelt wäre
so kreuz wie quer

Ich lege sachte
meine Hand
auf diese nie
geschlossene Fontanelle

Der Puls darunter
pocht wie mein eigener
genau so

Heimweh

Acht Schornsteine
im flach gemuldeten Land
und ich vergesse
Himmel und Erde ver-
bindende Campanile
und Minaretts

Durch Fernrohre
mit Münzeinwurf

wo Dreisternelandschaften
Modell mir sitzen
seh ich das Sägedach
von Sorckes Konservenfabrik

und auf dem Feldweg
den der Pechnelkenberg
auf seinen Rücken hebt
ährenraufend eine sehr
hohe Gestalt das Licht
pilgert zu ihr und
breitet sich von ihr aus

Wo meine Anstrengungen
aufhören liegt mein Dorf
Ich lasse es vorkommen
Am Meer leg ich sein Straßennetz
mit Kopfsteinmuscheln in den Sand
und lasse Muthses Teich
voll Salzwasser laufen

Unterwegs im Speisewagen
des Trans-Europa-Express
decken die spiegelnden Fensterscheiben
mir den Tisch auf dem Nebengleis
Mich hungert nach einer Speise
die man mir weggerissen hat

Holde Jugendzeit

Mit meinen weitsichtig
gewordenen Augen erkenn ich
die Umrisse strohumwickelter
Pumpen denen Eisbärte wachsen
viel Kopfsteinpflaster dampfende
Pferdeäppel ein gottserbärmlich
schielender Junge fegt sie
zusammen das bringt Glück da

seh ich da hör ich andere
Kinder in Holzpantinen wir
schreien Schielwipp Schielwipp
strecken die Zungen raus er kann
mit einem Auge nur nasenwärts
sehn mit dem andern sieht er uns
doppelt unsre klareren stehen-
gebliebenen Bilder mit
doppelten Zungen

Ostermorgen

Ostern durfte bei uns
ein bißchen heidnisch sein,
bei Sonnenaufgang, wenn wir
in irdenen Krügen
Osterwasser holten,
die gewaschenen Steine
glänzten den Bach herauf und
veränderten ihr Gesicht

Nur wer nicht gelacht
und nicht geweint
und nicht gesprochen hatte
auf dem Weg zur Quelle,

der wurde vom Waschen
mit diesem Wasser schön

Ich muß gelacht,
ich muß geweint,
gepfiffen aufs Schönsein
muß ich haben vor
Glück am dritten Tag

Am Vorabend der Flucht (1945)

Wenn es dunkel wurde
in unserer Küche
haben immer kleinere
Herdringe das Feuer
zur Glut gedrosselt

Ehe die eiserne Mitte
sich für immer
über der Wärme
und Helligkeit schloß
am Vorabend der längsten
kältesten Nacht
warf ich mein liebstes
Spielzeug hinein

Einen um den anderen
der wachsenden kalten Ringe
hebe ich oft im Traum
wieder ab und erwache
mit rußigen Händen

Nach dem Angriff
schrieb jemand
ICH LEBE
auf eine Tür
die auf die Straße
geflogen war
Sie lehnte schräg
am glimmenden Docht
unsrer Stadt

Du kannst es
nicht mehr
geschrieben haben

Ich trete seitdem
gebeugter durch
meine Tür die in den
Angeln kreischt
Eine Feuersäule
öffnet sie mir
und geht vor mir her

Rügen 1944

Von dieser Kreide ein Stück
und ich könnte damit
die steile Küste beschreiben
Den Feuerregenfelsen
bei untergehender Sonne
Die beiden Boote
die die Segel strichen
Die zugestöpselte Flasche
im Schwappen der Uferwellen

Wir sprangen kopfüber
in unsern gespiegelten Berg
um nach der Botschaft zu fischen
Das Meer verschloß uns die Ohren

Was dann und wann unter Wasser
die Schirme der Quallen zuspannte
die kalkigen derben
an Klippen gehefteten
Schwämme erbeben ließ

waren die Salven
der Wunderwaffen
aus Peenemünde

Schwimmen im Meer

Ich werde zurückgetragen.
Mein untergetauchter Arm
ist wieder ein Kinderarm,
der sich zur Wandtafel reckt,
um DAS MEER zu schreiben.
Ertrunkene Festlandränder
richten sich auf.

Wo der Eckpfeiler
als Sockel erscheint,
seh ich den Lehrer sitzen,
halb in die sonnen-
gehämmerte Wand eingelassen.

Er tippt auf den Erdenrand,
auf den ich zutreibe.
Wo das Meer ihn berührt, sagt er,
teilt es Verletzungen aus.
Zurückbleiben, ihr seht es
auf diesem Bilde,
schöne zermarterte Küsten.

Weit über die Klippen
schwingt er den Taktstock.
Alle hin- und herkollernden
Steine in unseren Kehlen
fallen gleichzeitig ein.

Epitaph

Schonendes Verfahren
bei minus
dreißig Grad Celsius
wo keine Fäulnis
stattfinden konnte
Wasser absublimiert
in schwache Kristalle

die das Dorf
bis zuletzt
verteidigten
bis die Erfrorenen
beigesetzt waren
im Schnee

Wir

Wir
Betrachter
unserer Täterskizze

In der Mitte des Gartens
greifen wir mit dem
alten geübten Griff
nach der Erkenntnis

Den Kopf eingezogen seitdem
ertappt und
Ausreden kauend
uns einverleibend

den Tod

Dieser tödliche Mangel

Mit der Schwurhand
auf das Leben schwören

Mit der Linken
die Knötchenbildung ertasten
verschiebbare Kugeln
zum Abzählen tropfenweise
verabreichter Zeit

Ich hoffte
es abgerichtet zu haben
das Raubtier Tod
Auf meinen Wink hin
lief es Schlittschuh
fuhr Rad uns sprang
durch brennende Reifen

Heute wittert es meine Angst
diesen tödlichen Mangel
Wenn ich nach Schweiß rieche
fällt es mich an
wie einen Fremden

… verklagen das Leben

Sechs sich überbietende Teufel
verklagen das Leben
es sei schlechterdings
schlecht entworfen
unvernünftig und dumm
Sie biedern sich damit an
es uns in Stücke
schlagen zu helfen
und wir nicken und sagen

hören wir erst noch
den siebenten

Der siebente Teufel
bocksbeinig nicht
nicht gehörnt wie die andern
einer mit schwarzen Flügeln
schlägt vor
es noch einmal
vollkommener herzustellen
Er ermächtige uns
und gebe uns alle Lizenzen

Und wir sind
Feuer und Flamme
und fliegende Asche
in einem

Dabei sein

Dabei sein
wie wir
die Atome ordnen
bis Leben wird

und
was die Wimper hält
den Blitz
mitansehn müssen

der unsern Umriß
in die vertiefte
eingeschwärzte
Erde sticht

Tourismus

Als letzten Schrei
imitiert der Fremdenführer
in den Kasematten
von Douaumont
die Schreie der Verwundeten
von neunzehnhundertsechzehn
fast lebensecht

Er lebt
nicht schlecht dabei

Aber das Schrotkorn

nicht Fisch nicht Fleisch

aber der zarte
zerschmetterte Kiemendeckel
durch den das Atemwasser strömte

aber das Schrotkorn
auf meinem ausgelöffelten Teller
das Todesgewürz

und der Lippenstiftrest
in der gestärkten weißen Serviette
die ich zusammenfalte

Prometheus

Nichts Neues
unter der Sonne

Auch nicht
ihr geraubter Laborblitz
Lichtpause für eine
millionstel Sekunde

Neu nicht
bei lebendigem Leibe
angeschnallt sein
an den Schleudersitz Erde

der Adler
im Schwirrflug
nicht neu
in Höhe der Leber

die alte
aufgerissene Wunde nicht
deren Ränder sich
schließen und schließen

Kassandrarufe

Euch die Erde
untertan zu machen
liegt in eurer Hand

Mit meinen verbundenen Augen
kann ich ihn liegen sehn:
einen hölzernen Fetisch
einem Homunkulus ähnlich

in den ihr Nägel getrieben
damit ihn und nicht euch
das Entsetzen befalle

Sein riesenhafter Umriß
an der Höhlenwand der Welt
wird euch vor Einsicht
beschützen

Eine Schlange hat mir
die Ohren beleckt
seitdem hör ich
das Weinen von morgen
Ich weiß
niemand glaubt mir

Postscriptum

Was ich noch sagen wollte
Wenn ich Dir
einen Tip geben darf
Ich meine
Ich bitte Dich
um alles in der Welt
und wider besseres Wissen:

Halte Dich nicht schadlos
Zieh den kürzeren
Laß Dir etwas
entgehn

Einkaufsbummel

Alles halb so schlimm, wie du's
wieder machst, ein Lama
spuckt dich an, du mußt
die Zirkustiere retten

Laß die geborstene Druse
dreist Amethystzähne
zeigen, es macht dir
nicht das mindeste aus

Rembrandts geschlachteter
Ochse im Schaufenster gegen-
über, daß ich nicht lache,
ich stell mich nicht an, ich

schlendere weiter, langbeinig
wie die Schaufensterpuppen,
die Gliederwerfer mit grünen,
schwarzen, gar keinen Gesichtern, die

haben es gut, weil sie
nie Kinder gewesen sind,
gekonnt tänzeln sie
durch die Scheiben, und ich

voller Schnittwunden,
hock mich dahinter,
angezogen, ausgezogen
tausch ich mich um

Totalausverkauf
Leben zu Schleuderpreisen

Wer nicht an den Wühltischen
nach dem Billigsten wühlt
(das ihn teuer zu stehn kommt)
Wer den Notausgang sucht
wird ins Hintertreffen geraten

Das ist es
worauf ich hinauswill
Im Hintertreffen
ist mein Exil

Ich rechne
mit meinen Nachteilen
Ich baue auf
meinen Verzicht

Kyrieleis

Die Atemnot
artikulieren
Die Syntax
bestreiken
So tun als ob
es Ausreden gäbe
für Kyrieleis

Winterpsalm

Dein Name
ist gefallen
Dein Name
fällt

Und ist kein
anderer Name
auf den sich mein
weggeschnittener
Atem reimt

Und er heißt
Wunderbar Rat
Stecken und Stab
Begehbarer Weg
Eis
über meinem Bodensee

Geheiligt werde
dein zugefrorener Name

Was ich bin

Weder kalt
noch warm
Es sollte mich
nicht wundernehmen
ausgespien zu werden

Finsternis
die das Licht
nicht begriffen hat
Es ist meiner Aufmerksamkeit
entgangen

Ich bin
der Blutpfropf
in meinen eigenen Adern
geronnen
in Herznähe

Morgentoilette

Zu meinem Leidwesen hat
mein Spiegelbild
nichts zu lachen

Auge
das mir die Stirn bietet

Mund
der mir die Zähne zeigt

Hand
die die andere wäscht

Die Kälte des Wassers treibt
mir das Blut
ins Gesicht

Jakobs Kampf mit dem Engel

Als mir
die Sonne aufging
über Pniel
Ich siegte
Ich hatte gesiegt
ich werde
besiegt worden sein

Mein Indiz?
Meine verrenkte Hüfte
Mein Handicap
Mein Heimatschuß
auf Grund dessen
ich lebe

Jesaja 45, 9

Spricht auch der Ton
zu seinem Töpfer:
Was machst Du?

Spricht auch der Erdenkloß
rotierend um sich selbst
und sehr bestrebt
die Schwerkraft mattzusetzen:

Da war der Achsenruck das
Schlingern einer Töpferscheibe der
schwindelnde Gedanke es
bediene wer sich meiner Fliehkraft?

Die Erschaffung des Menschen

I

Einmal beging er
den Leichtsinn
sich aufzurichten
mit einem Grunzen und
gesträubten Fells
um einen Nebenbuhler
in die Flucht zu schlagen
als ein schönes Weibchen
auf allen vieren
aus einer Bodensenke kam

oder mit einem Schmatzen
weil eine Nuß
an einem dünnen Ast
für seinen Arm
zu hoch hing

wie immer auch
Er hat sich aufgerichtet
ein neuer Tätertyp
vor dem das Filmplakat
mich heut noch warnt
er überbiete alle
dagewesenen Schrecken

II
(Michelangelo Sixtinische Kapelle)

Diese Geburt
aus der Fingerspitze
Jeden Morgen
möchte ich so aufwachen
meinen Ellbogen
aufs Knie stützen
den Kopf drehn
jeden Morgen
diese Augenwende
unter dem rissigen Himmel

Mich ängstigt
die kleine Spanne
zwischen meinem
und dem mir von
weither entgegen-
gestreckten Zeigefinger
Millimeter nur aber

ein enges Öhr
da muß die innigere
Auskunft hindurch
daß mir die aller-
treuste Pflege
zuteil werden soll

Zugegeben

Zugegeben es gibt
anheimelndere Orte
hienieden

Wer in der Luftblase hockt
baut auf Mituntergegangenes
an dem die Hoffnung sich staut

Ich werde
haushälterisch
damit umgehen müssen

Schreien
verbietet sich von selbst
Die Klopfzeichen werden schwächer

Den Strohhalm
vorbeischwimmen sehn
Den Retter mit Flossen und Schnorchel

Meine Ohnmacht
ermächtigt mich
an seine Verkleidung zu glauben

Oder

oder wäre ich
Dein Souffleur?

Beim Drehn der Weltbühne
seh ich in Augenhöhe
nur Deine abgeküßten Zehn
Wenn Du nicht weiter weißt
kommst Du an meinen Kasten

ich habe Deine Rolle
in den Händen
Von niemand mitgehört
helf ich Dir ein
Und Du trittst wieder
unter die Akteure
und sagst
wozu mein Flüstern
und mein Händeringen
Dir das Stichwort gibt

Was für ein Bild

Deine Pfeile
stecken in mir

Ich aber lebe
und wandle
hier auf der
bewohnbaren
Zielscheibe
des Spotts

Was für ein Bild
wenn einer der
aufrecht geht
ganz von Sonden
durchdrungen ist

Brüste sich wer da will

Brüste sich
wer da will
mit dem Mut
der Verzweiflung

Meine Angst
kann sich sehen lassen
angesehn
unter den Ängsten
und wahrer
als ich es wahrhaben will
Ein rotes Tuch
mein Mütchen
daran zu kühlen

Sagt meiner Angst
Ich verliere sie
nicht aus den Augen

Sagt meinen Trübsalen
Ich schicke mich an
sie zu rühmen

Sagt meinem Tod
daß er offene Türen
einrennen wird

Ich lobe den Tag vor dem Abend

Und ist mir ein Wort
noch nicht auf die Zunge gelangt
schon bevormundet mich
die gefürchtete Stimme
Von allen Seiten

fordert sie mich heraus
Wo soll ich hingehn
Wie den Ahnungslosen spielen

Der Himmel gebe
daß ich mitrede
wenn das Schweigen
überhandnimmt
Mitschreie mit Worten
deren Niedrigkeit angesehn

Ich fürchte an mir
ist ein Narr verlorengegangen
Ich lobe den Tag
vor dem Abend

Mein Gedicht

die Quersumme
meiner Einsilbigkeit

die Schrecksekunde
in der ich das Wort
ins Gebet nehme

Gott

Das macht Deine
Unsichtbarkeit
daß wir uns so ereifern
und Dein Name
daß wir damit fluchen
GOTT
exakte Verkalkung
im Prüfstein Sprache

Götze GOTT
zum Standbild gegossen
zwischen den Zähnen zermahlen
aufs Meer gestreut und
wiedergetrunken und
wieder verwirkt
und verwirklicht

Mag wer da will
Totgesagtes
gesundbeten wollen
Es ist Zeit
für Deinen Auftritt
Deinen salto mortale
ins Fleisch

Wo ich wohne

Ich wohne in einem
Potemkinschen Dorf
Wenn Besuch kommt
ist es rasch aufgeschlagen
aus Fertigfassaden
Pappbäumen und einem
gewinnenden Lächeln

Ich bevölkere es
mit Herden weidender Kinder
lasse Hunde bellen
Frauen in Fenstern lehnen
Männer die Köpfe hoch tragen
und leite alle Schritte
in die Wege
um ersprießliche Tatsachen
vorzuspiegeln

Eine Kirche gibt es
nicht in meinem Dorf
wohl aber einen
kleinen nackten Gott
den verstecke ich lebendig
unter meiner Türschwelle
hinter der kein Haus ist
damit niemand ihn
für eine der herbeigeschafften
Attrappen halten könnte

Ich gehe über ihn hinweg
Wenn es nichts mehr
zu besichtigen gibt
und die Spiegel erlöschen
grabe ich
mit nackten Händen
nach ihm

Morgenlied

Wer
Hand aufs Herz
der das Fenster
aufstößt
traut schon
dem Frieden

Der Strohhalm
im Schnabel der Taube
läßt zwar vermuten
daß sich die Wasser verliefen

Was anderes aber
beweist
der Regenbogen
über wiederaufgestiegenen Städten
als daß ein Tropfen
das Licht ablenkt
und in sein Spektrum zerlegt

Wer
läßt sich wie Noah
gesagt sein
hier sei ein Hoffnungsschimmer
dies sei die letzte
Sintflut gewesen

und wir könnten
die selbstgezimmerte Arche
als blutige Anfänger
wieder verlassen?

Orientierungsversuch

Sage dir,
daß du auf einem
der neun Planeten wohnst,
von der Sonne gesehen
dem dritten;

daß unverfügbare Kräfte
die sich drehende
Kugel halten
zwischen Pol und
innerstem Kern;

und daß bis ans
Ende der Welt
verfrachtete Brutvögel
heimgefunden haben,
bei klarem Himmel
den Sternen,
bei bedecktem
dem irdischen
Magnetfeld folgend,
als wüßten sie,
daß unsere Erde
ein guter Leiter ist.

Nach dem Tod Gottes

Danach
zerreiße ich nicht
meine Kleider

Ich rolle mich wieder zusammen
Tödliche Augenblicke
überlebt man am besten
in der Krümmung nach vorn
den Kopf auf den Knien
Mit der Grimasse des Keimlings
wehrlos
ohne Fingernägel und Zähne
Wieder angenabelt
in der zottigen Höhle

Doch auch so zusammengekrümmt
wäre der Wettlauf
mit dem Schmerz
noch nicht gewonnen
Noch nicht gefurcht genug
der ebenbildliche Leib
Noch nicht verhohlen genug
was hatte werden sollen
Ich will nicht
daß es noch zuckt
dünnwandig mit durch-
scheinendem Herzen
Ich muß weiter zurück
wo nichts mehr frohlockt
künstlich und fein bereitet
worden zu sein

Aber
Ich glaube
Noch als Stein
würfe ich mich
in den Riß
der mich selber
zerreißt

Uns nimmt nichts wunder

Uns kann keiner
Uns nimmt nichts wunder
Entsetzen kommt
uns nicht an

Steine schreien lauter
und Balken antworten
vernehmlicher als wir

Da kann einer
das Meer bedrohn
oder den Tod überleben
Es war vergebliche
Liebesmüh

Alles was recht ist
dem Mann steht
Aufwandsentschädigung zu
für die reinste
Verschwendung

O Gott

Nun haben wir noch
die Formel von ihm
die sagt er sei klein
kleiner noch leichter
zu übersehn als das Licht

Die sagt er sei löslich
ohne sich selbst zu verändern
untermengt dem Öl
der bitteren Mandel
zu riechen zu schmecken

Sie sagt die Formel
er sei ein Ferment
eingebettet im Zellkern
da spaltet er gärt er da
greift er uns an

Die Formel das mächtige Zeichen
Grundfigur Endfigur
mit den gekreuzten Balken
in unsern Versprechern
Ogottogott

kommt sie noch vor

Schlage Ihn dir aus dem Kopf
Kratz mit dem Fingernagel
Sein Gesicht das bespeite
von den Stellwänden der Geschichte
damit es in
niemandes Gedächtnis
haften bleibe

Denk an die innersten Windungen
von Gletschermühlen in denen
Felsen ausgestrudelt werden
So müßtest du
Seinen Namen aushöhlen

Aber frage mich nicht
wohin mit dem löslichen Sinkstoff
wenn am Ende der Zunge
die Schmelzwässer wieder
zutage treten und der
kleinste Schluck noch
nach dem Ganzen schmeckt

Jonas Flucht

Sie sitzen alle
in einem Boot
Gießen Öl auf die Wogen
Olivenöl aus Jaffa

Der sich
als Senkblei
über Bord werfen wird
Um dessentwillen
sich Himmel und Hölle
in Bewegung setzen
und der Fisch
kaltblütig das Maul
aufstößt runder
tutender Fluchtpunkt
Exil zum Schreienlernen
Der davonkommen will
schläft seinen
provozierenden Schlaf

Hält sich
Ammithais Sohn
für alles andere
nur nicht
für das Mundstück
an das der
HERR HERR
seine Lippen setzt

Unterbrechung der Fahrt

Der Daumen des Anhalters
zeigt auf den Dom
romanischer Westchor
beim Ostchor

schon in der Gotik
halten wir

klopfen an
mit dem Türklopfer Fisch
ziehn am halb-
erstickten Jonas
der viel unternahm
um Gott
aus den Augen zu kommen

Ein Lettner
in Plastikfolie verpackt
noch sichtbarer
durch Verschnüren
ein unfreiwilliger Christo

Du zeigst mir
die leichte Links-
biegung der Apsis
die der Neigung
des Hauptes
am Kreuz entspricht

von einem ganz bestimmten
Standpunkt aus
sieht man es deutlich:
christusförmig sagst du
du nennst es
gemauerte Einfalt

mit getaufteren Sinnen
fahren wir weiter

Freiheit

Nach Joachim Neanders Choral
»Lobe den Herren«, Strophe 2

Auf Adelers Fittichen
sagst du?

Ein Adlerjunges ich
noch nicht lange
dem warmen Ei entschlüpft
unter dem Brutfleck
am Bauch meines Vaters
und schon festgekrallt
in seine Schulterfedern
Nesthocker über dem Abgrund
auf Adelers Fittichen

Ob mein Auge schon
in die Sonne sehn konnte
die großen Fischschwärme
im Meer ausmachen
die Schlange um ihr
Gelege gekringelt
oder nur die Tiefe ermessen
über die er mich trug
auf Adelers Fittichen

Um mich ich weiß nicht
aus welcher Höhe fallen zu lassen
mich abzuschütteln
den Schreihals
von Adelers Fittichen

Hat sich vielleicht
sein gefiederter Hals
zurückgebogen sein
Schnabel mich hin-
untergestoßen damit

meine Flügel sich
mit jeder Feder
im richtigen Winkel
zur Luftströmung stellen
ihre Spannweite messen
mich tragen sollen
wie es mir selber gefällt?

Noch eine Zeitlang
sein Flügelschatten
über mir unter mir
ach unser Flugbild
das große das kleine

Weihnachten

Die kommen wollten
das Kind anzubeten
lasen unterwegs
im Stern
es fiele unter
abgeschaffte Paragraphen
man könne ihm
mit Fug und Recht
schon prophylaktisch
seine Zweifel
durch die Hände treiben
Gott
der die
Quantensprünge regelt
wohne
nie und nimmer
unter uns

Uns abgesprochen
das Zugesagte

Nicht Du Vielberufener
ernährst unsre Augen
über die sich die Lider
nicht mehr niederschlagen
Gefäße versorgen
die schlüpfrigen Äpfel
Tief im Höhleninnern
von keiner Träne benetzt
verankern zarte Sehnen
die Linsen damit sie
kugeliger werden können
ihre Brechkraft stärker

Lange genug hast Du Dich
anheischig gemacht
der alles Denken über-
steigende Urgrund
der Dinge zu sein
Eine Behauptung
die den Tatbestand
der wahrheitswidrigen
Berichterstattung und der
Verleugnung erfüllt
Wir aber sind Dir
nicht aufgesessen
Wir kamen Dir
auf die Schliche
bis in die Fein-
struktur unserer
Eiweißstoffe hinein

Der Lorbeerkranz
der von nun an

unsere Häupter ziert
wuchs unbeirrbar
nach einem nicht zu
entziffernden Code
wie er in der Reihenfolge
von Proteinketten steckt
Der majestätische Ablauf
dieses Programms
nötigt uns Ehrfurcht ab
Amen

Uns frommt es
uns mit halbem Herzen
und doppeltem Eifer
hineinzuknien
in die weggerissene Welt
Oh schön sagen wir
ist das Entbindungsmuster
das bei der rastlosen
Energieumwandlung
einer Milchstraße entsteht
schön das Summen
der unumstößlichen
schwankenden Achse der Erde

Was ihren bisherigen Umtrieb
betrifft und den des
noch und noch
geliebten Lebens auf ihr
das wir uns fast
unsre Seligkeit
kosten lassen:
Es war für Dich
fürwahr ein Scherz

Wir sind ein
genialer Zufall
genau so gut
hätte die Evolution

beim Geißeltierchen
halt machen können

Doch es kam bis zu uns
Es ist bis zu
uns gekommen
bis zu dir und zu mir
Unsere Gänsehaut
sieht keiner
Unser Haar sträubt sich
um uns größer
erscheinen zu lassen
Eins davon
fällt uns vom Haupt
ein Lorbeerblatt
auf den Rand unsres Tellers
aus dem Toaster springt uns
das Brot in den Mund

Drei Milliarden Sieger
sitzen zu Tische
Eine Kette aus
leuchtenden Molekülen
hängt einem jeden von uns
um den Hals
(nur ein paar Verlierer
verlassen leise den Saal
und fallen sich
in die Arme)

Er komme nicht
– so ähnlich schließt
der berühmte Experte –
um den Gedanken herum:
GOTT sei ein zusammen-
gedrehtes Wort
uns als Knebel
zwischen die Zähne geschoben

damit wir während
des dramatischen Fortschritts
in dessen Verlauf
uns Hände und Füße
gefesselt und die
Augen verbunden werden

nicht anfangen
zu schreien

Arbeitsprotokoll

Das Gedicht,
das ich schreiben möchte,
soll von Gott handeln.
Ich habe mich ihn rufen hören,
leise, aber mit meiner Stimme.

Das Gedicht,
das ich schreiben möchte,
soll von Gott handeln.
Ich werde keine
Decknamen vorschützen.
Wer es lesen wollte,
brauchte keine Ver-
schlüsselungsvorschrift
zur Umformung in den Klartext.
Umschrieben habe ich ihn
lange genug. Es ist Zeit,
meine Zunge in Beugehaft
zu nehmen, bis sie zugibt,
die ungedeckten Falschworte
in Umlauf gesetzt zu haben,
die Blütenlese.

Unter meinem Türschlitz
liegen Briefe und Zeitungen .

Ich bin nicht zu Hause.
Ich muß das Gedicht schreiben.
Wenn Gott Raben zum Sprechen brachte,
warum dann nicht mich,
einen Zeitgenossen von King Kong.

Auf meinen Wegen durchs Zimmer
versetze ich Mobiles in Schwingung.
Chagalls Heiliger Droschkenkutscher
knallt von der Wand mit der Peitsche.
Mein Fensterkreuz ohne Corpus.
Dahinter auf einer Plakatwand
Jeans, aus deren Gürtellinie
zwei gefaltete Hände steigen.
Unten steht jemand und winkt.
Ich bin nicht zu Hause.
Ich muß das Gedicht schreiben.

Ich setze mich auf
van Goghs blauen Stuhl.
Zu meinem Herzen
sage ich: schlage!
Zu meinen Lungen: atmet!
Zu meinen Lippen:
redet, treibt das Wort
gegen die Sprache,
das unerhörte Wort
und das erhörte.

Ich lege mir eine Platte auf.
Der Tonarm dreht sich
unbeteiligt fort.
Der Saphir tastet das Air
aus der schwarzen Rille
und die Stimme von
Josephine Baker

Wenn mir am allerbängsten ist,
schalte ich den Fernseher ein.

Zwei behelmte Männer
schütteln sich bei einem
Tunneldurchstich die Hände.
Kinder spielen mit aus
Mondstaub gesiebten Murmeln.
An eine Heizung gefesselt
kniet eine Geisel.

Ich bin ein Vakuum,
das sich mit allem füllt,
was eindringt.
Unter meinen Sinnen
findet keine Erweckung statt.
Ich bin Demokrit,
der sich ein Auge ausriß,
um besser denken zu können.

Zuletzt hole ich mir
die Zeitung und lese:
EINE SCHWANGERE
WIRFT IHREN BAUCH,
DER EINE BOMBE IST,
IN EINEN SUPERMARKT.

Kein Geringerer als Gott
hatte der Gegenstand
meines Gedichts sein sollen.
Ich werde es morgen schreiben.
Heute hat die Schwangere,
die ihren Bauch,
der eine Bombe ist,
in das Ziel
unsrer Wünsche wirft,
den Augenschein
für sich. Ich glaube,
Gott werden
die Ohren klingen.

Nach erster Korinther dreizehn

I

Wenn ich
das Schweigen brechen könnte
und mit Menschen-
und Engelszungen reden
und hätte der Liebe nicht
so würde ich
leeres Stroh dreschen
und viel Lärm machen
um nichts

II

Und wenn ich wüßte
was auf uns zukommt
und könnte alle Situationen
im Simulator durchspielen
und den Winkel errechnen
unter dem ich umkehren könnte

und ließe mich nicht einfangen
vom Schwerefeld der Liebe
so schösse ich
übers Ziel hinaus
und alle Reserven
nützten mir nichts

III

Und wenn ich
bei dem Versuch zu überleben
mein Damaskus hätte
und fände mich selbst
über alle Zweifel erhaben
auf dem Pulverfaß sitzend
wie in Abrahams Schoß

und hätte die Liebe nicht
als eiserne Ration
hinübergerettet
so fiele ich
auf meinen bergeversetzenden
Glauben herein

IV

Und wenn ich
alle meine Habe den Armen gäbe
daß meine linke Hand nicht wüßte
was die rechte tut
und ich ginge nicht
zur Tagesordnung über
sondern wäre der Spielverderber
und die lebende Fackel

und erklärte mich nicht
solidarisch mit der Liebe
so hätte ich
im Ernstfall
Steine statt Brot
und Essigschwämme
für den Durst des Menschen

V

Die Liebe ist lächerlich
Sie reitet auf einem Esel
über ausgebreitete Kleider
Man soll sie hochleben lassen
mit Dornen krönen
und kurzen Prozeß mit ihr machen
Sie sucht um Asyl nach
in den Mündungen unsrer Gewehre
Eine Klagesache von Weltruf
Immer noch
schwebt das Verfahren

VI

Sie stellt sich nicht ungebärdig
sondern quer zur Routine der Machthaber
Die Behauptung
sie ließe sich nicht erbittern
hat sie im Selbstversuch
eindrücklich bestätigt
Sie ballt nicht die Faust
Sie steigt nicht herab
Sie hilft sich nicht selbst

Sie dient als Kugelfang

VII

Sie freut sich nicht
über die Ungerechtigkeit
Sie ergreift Partei
für die Ausgebeuteten
Daher ist es lebensgefährlich

sich mit ihr einzulassen
Sie könnte nämlich
Bewußtsein bilden
und den Lauf der Dinge
durchkreuzen
Also üben wir ihre Vermeidung
Tuchfühlung nur
mit ihrem ungenähten Rock
dem durch und durch gewirkten
um den wir würfeln
bis zum dreimal krähenden Morgen

VIII

Was ich auch zuwege bringe
sie ist nicht produzierbar
die Liebe
In keiner Retorte zu züchten
und schon gar nicht
auszumendeln
und aus der Welt zu schaffen
Sie ist ein Skandal
geboren
bezeugt
in Beweisnot geraten
verurteilt
gestorben
begraben
in Strahlung zerfallen

IX

Die Liebe hört nicht auf
mich zu verunsichern
Sie findet Fugen zum Eingreifen

wo ich keine vermute
Sie überredet mich
in der Muttersprache des Menschen
Sie öffnet mir die Augen
und tritt als Sehnerv ein
An dieser Stelle ist der blinde Fleck
Und ich sollte nicht
mit der Wimper zucken?

X

Wir sehen jetzt den Text
nicht fettgedruckt
sondern unleserlich
im Kontext beweglicher Leuchtschrift
der an- und ausgeht
Wir sind in unserm Element
im Zustand der fressenden Larve
und können nur hoffen
bis in die Verpuppung zu kommen
in den durchsichtigen Kokon
in dem wir zu erkennen sind

XI

Nun aber bleibt
Glaube Liebe Hoffnung
diese drei
Aber die Liebe
ist das schwächste
Glied in der Kette
die Stelle
an welcher
der Teufelskreis
bricht

Inhalt